Odilo Lechner
Benedikt XVI.
Jacques Perrier
Paul Josef Kardinal Cordes
Walter Mixa
Johannes Paul II.

Lourdes
Quelle der Hoffnung

Gedanken, Gebete, Meditationen

benno

Inhaltsverzeichnis

Das Wunder von Lourdes

Seit über 150 Jahren kommen Menschen aus aller Welt nach Lourdes, in unserer Zeit jährlich etwa 6 Millionen. Weshalb kommen all diese Menschen nach Lourdes? Welche Erwartungen haben sie? Welche Erfahrungen machen sie in Lourdes?

Erscheinungen

Bernadette Soubirous, im Jahre 1858 ein Mädchen von 14 Jahren, berichtet, dass ihr am 11. Februar 1858 in einer Felsnische der Grotte Massabielle vor den Toren der Stadt Lourdes eine junge wunderschöne Dame in einem hellen gleißenden Licht erschienen ist. Bernadette berichtet von weiteren 17 Erscheinungen in den folgenden Wochen und Monaten. Bei der Erscheinung am 25. März 1858, dem Hochfest der Verkündigung des Herrn genau 9 Monate vor Weihnachten, nennt die Dame ihren Namen: „Ich bin die Unbefleckte Empfängnis." Dieser Begriff verweist darauf, dass nach katholischem Verständnis Maria im ersten Augenblick ihrer Empfängnis durch ein einzigartiges Gnadenprivileg des allmächtigen Gottes von jedem Schaden der Erbsünde unversehrt bewahrt wurde, damit sie die Mutter Jesu werden konnte. Die meisten der Erscheinungen fanden in der Fastenzeit statt. So mag nicht überraschen, dass Bernadette von Maria eine Botschaft der Umkehr und Buße empfing. Maria will die Menschen zu Christus führen.

Heilungen

Bereits während der Zeit der Erscheinungen fanden die ersten medizinisch unerklärlichen körperlichen Heilungen statt. Tausende andere wurden berichtet. So wurde Lourdes zum wichtigsten Wallfahrtsort für kranke Menschen. Niemand sollte aber mit zu großer Hoffnung auf körperliche Heilung nach Lourdes kommen, denn diese geschehen relativ selten. Die

SUIS

körperlichen Heilungen sind ein äußeres Zeichen für die vielen inneren seelischen Heilungen, die Menschen in Lourdes durch Versöhnung erfahren: Versöhnung mit dem eigenen Leben, Versöhnung mit Mitmenschen, Versöhnung mit Gott.

Glaube zum Anfassen

Dass Maria in dieser Felsgrotte erschienen ist, ist wohl kein Zufall. Dieser Ort eignet sich vorzüglich zur Vertiefung des Glaubens:

Den Felsen berühren

In der Bibel wird im Alten Testament Gott mehrmals als Fels bezeichnet. So heißt es z. B. im Psalm 62 über Gott: „Nur er ist mein Fels, meine Hilfe, meine Burg; darum werde ich nicht wanken.“ Wer auf Gott vertraut, findet Halt im Leben. Jeder kann durch die Grotte hindurchgehen, den Fels berühren und so sein Vertrauen zu Gott zum Ausdruck bringen oder um dieses Vertrauen bitten. Im Neuen Testament erinnert der Fels an das Gleichnis vom Hausbau auf dem Fels (Mt 7, 24-27), durch das Jesus deutlich machen will, wie existentiell es ist, nach dem Evangelium zu leben. Der Fels erinnert auch an Petrus. Dieser Name bedeutet übersetzt Fels. „Du bist Petrus, und auf diesem Felsen werde ich meine Kirche bauen“ (Mt 16,18), sagte Jesus zu Simon, und so wurde Simon fortan Petrus genannt. In Lourdes wurde die erste Kirche im Wallfahrtsbezirk direkt über der Erscheinungsgrotte auf den Fels gebaut, ein Symbol für die Kirche, die auf dem Fundament der Apostel, insbesondere des Apostels Petrus und seiner Nachfolger, die Päpste, gegründet ist.

Aus der Quelle trinken

In der Felsgrotte entdeckte Bernadette auf den Hinweis Mariens eine Quelle. Dies erinnert an den Auszug der Israeliten aus Ägypten. In der Wüste hatten sie kein Wasser mehr, und so sprach Gott zu Mose: „Schlag an den Felsen! Es wird Wasser herauskommen, und das Volk kann trinken" (Ex 17,6). Gott ist für die Menschen da. Er ist für uns wie eine Quelle, aus der man schöpfen kann. „Meine Seele dürstet nach Gott" (Ps 42,3). Maria fordert nicht nur Bernadette auf, sondern uns alle, aus dieser Quelle zu trinken.

Sich waschen mit dem Wasser aus der Quelle

Maria forderte Bernadette auch auf, sich mit dem Wasser der Quelle zu waschen. Dabei geht es nicht um eine äußere Reinigung, sondern um eine innere, geistliche, seelische: ein Hinweis auch auf das Bußsakrament, bei dem wir innerlich von unseren Sünden gereinigt werden und unsere Seele neu erstrahlen kann. Das Waschen erinnert auch an die Taufe, die das Tor zum Leben und zum Gottesreich ist.

Sich vom Licht ergreifen lassen

Maria erschien in einem hellen gleißenden Licht. Das Licht weist auf Christus hin, der sagte: „Ich bin das Licht der Welt" (Joh 8,12), das die Finsternis der Sünde vertreibt. Jeder, der Jesus nachfolgt, wird von dessen Licht erfüllt: „Ihr seid das Licht der Welt" (Mt 5,14). Bei der Taufe empfangen wir die Taufkerze, die an der Osterkerze, dem Zeichen des auferstandenen Christus, entzündet wird. Dabei spricht der Zelebrant: „Empfange das Licht Christi." Die Kerzen in den Händen der Pilger bei der Lichterprozession in Lourdes erinnern an dieses empfangene Licht.

Eine andere Welt

Viele Menschen, die nach Lourdes kommen, spüren dort ganz besonders die „andere Welt“, auf die Bernadette von Maria hingewiesen wurde, die Welt der Liebe und des Friedens, das Reich Gottes, in dem man glücklich ist. Möge dieses Buch Ihnen einen Eindruck von dieser Welt vermitteln.

Pater Barzen OMI
Deutschsprachige Pilgerseelsorge Lourdes
www.lourdes-france.com

Jubiläumsgebet

Gott, unser Vater, unter allen Geschöpfen hast du Maria erwählt, das vollkommene Geschöpf, die „Unbefleckte Empfängnis“. Hier in Lourdes hat sie ihren Namen gesagt, und Bernadette hat ihn weitergesagt. Die Unbefleckte Empfängnis ist ein Ruf der Hoffnung: Das Böse, die Sünde und der Tod sind nicht mehr die Sieger. Maria, Wegbereiterin, Morgenröte des Heils!

Maria, deine Unschuld ist die Zuflucht der Sünder: wir beten zu dir:

Ave Maria, gratia plena!

Herr Jesus, du hast uns Maria zur Mutter gegeben. Sie nimmt teil an deinem Leiden und deiner Auferstehung. Hier in Lourdes hat sie sich Bernadette gezeigt, betrübt über unsere Sünden, aber dein Licht ausstrahlend. Durch sie vertrauen wir dir unsere Freuden und Leiden an, die unsrigen wie die der Kranken und aller Menschen.

Maria, unsere Schwester und unsere Mutter, unsere Vertraute und unsere Unterstützung: Wir beten zu dir:

Ave Maria, gratia plena!

Heiliger Geist, du bist der Geist der Liebe und der Einheit. Hier in Lourdes hat Maria durch Bernadette darum gebeten, eine Kapelle zu bauen und in Prozessionen zu kommen. Inspiriere die Kirche, die Christus auf dem Glauben Petri aufgebaut hat: Versammle sie in der Einheit. Führe die Kirche auf ihrem Pilgerweg, damit sie treu und mutig ist!

Maria, du bist vom Heiligen Geist erfüllt, du bist die Braut und die Magd. Du bist das Vorbild der Christen und das mütterliche Antlitz der Kirche: Wir beten zu dir:

Ave Maria, gratia plena!

Für alle Gnaden, die wir hier empfangen, für alle Bekehrungen, für alle Vergebungen, für alle Heilungen, für die Berufungen und Versprechungen, die du hier bekräftigt hast oder entstehen ließest, für die Freude am Dienst, die du uns schenkst, Unsere Liebe Frau von Lourdes, danken wir dir!

Mit allen unseren Schwestern und Brüdern, mit den Völkern, die nicht in Frieden und Gerechtigkeit leben, mit den jungen Menschen, die ihren Weg suchen, die du dich ganz jung der jungen Bernadette gezeigt hast, mit denen, die mit Trauer, mit Krankheit, mit einer Behinderung oder mit einem Misserfolg leben, mit denen, die Grund zur Verzweiflung hätten, Unsere Liebe Frau von Lourdes, beten wir zu dir!

Weil du das Lächeln Gottes bist, der Abglanz des Lichtes Christi, die Wohnstätte des Heiligen Geistes, weil du Bernadette in ihrem Elend erwählt hast, weil du der Morgenstern bist, die Pforte des Himmels, und das erste zu neuem Leben erweckte Geschöpf, Unsere Liebe Frau von Lourdes, bewundern wir dich, rufen zu dir und preisen mit dir die Wundertaten Gottes:

Magnifikat!

Sagt an, wer ist doch diese?

Sie ist die reinste Rose, ganz schön und auserwählt,
die Magd, die makellose, der sich der Herr vermählt.
O eilet, sie zu schauen, die schönste aller Frauen,
die Freude aller Welt.

Sie ist der Himmelsheere, der Engel Königin,
der Heilgen Lust und Ehre, der Menschen Trösterin,
die Zuflucht aller Sünder, die Hilfe ihrer Kinder,
die beste Mittlerin.

Warum sollten Sie nach Lourdes reisen?

Weil Menschen, ob krank oder gesund, sich hier versammeln, die sich von Gott getragen wissen und darin miteinander verbunden sind, auch im Gebet. Dann relativieren sich die alltäglichen Probleme, dann kann Lourdes zur „Tankstelle für ein weiteres Jahr mit der Krankheit“ werden, wie es mir ein kranker Lourdes-Reisender einmal zu Weihnachten schrieb.
Lourdes ist ein Ort, der jedem zugänglich ist, ganz gleich, in welcher Situation Sie sich gerade befinden.

Pfarrer Werner Gutheil

Der Sieg der Hoffnung über die Angst

Heute ist der Gedenktag Unserer Lieben Frau in Lourdes, die vor fast 150 Jahren einem einfachen Mädchen, der hl. Bernadette Soubirous, erschienen ist und sich als die Unbefleckte Empfängnis zu erkennen gab. Die Gottesmutter hat sich auch in dieser Erscheinung als zärtliche Mutter ihrer Kinder gezeigt und daran erinnert, dass die Kleinen, die Armen die von Gott Bevorzugten sind und ihnen das Geheimnis des Himmelreiches offenbart ist. Maria, die den Sohn mit ihrem Glauben bis unter das Kreuz begleitet hat; sie, die durch einen geheimnisvollen Plan mit den Leiden Christi, ihres Sohnes, tief verbunden war, wird es nie müde uns, aufzurufen, die Erfahrung des Leidens und der Krankheit mit zuversichtlichem Vertrauen zu leben und zu teilen, indem wir diese dem Vater voll Glauben darbringen und so in unserem Fleisch das ergänzen, was an den Leiden Christi noch fehlt (vgl. Kol 1,24). Dabei kommen mir die Worte in den Sinn, mit denen mein verehrter

Vorgänger Paul VI. das Apostolische Schreiben *Marialis cultus* beendete: „Dem heutigen Menschen, der nicht selten zwischen Angst und Hoffnung hin- und hergerissen wird, von der Erfahrung seiner Grenzen niedergedrückt und von grenzenlosen Erwartungen bestürmt wird, ... vermittelt die Jungfrau Maria, wenn sie in ihrer biblischen Gestalt und in der von ihr in der Stadt Gottes bereits erlangten Wirklichkeit betrachtet wird, eine hoffnungsvolle Sicht und ein ermunterndes Wort: den Sieg der Hoffnung über die Angst, der Gemeinschaft über die Einsamkeit, des Friedens über die Verwirrung, der Freude und der Schönheit über die Langeweile und den Verdruss, der ewigen Dimensionen über die zeitlichen, des Lebens über den Tod (Nr. 57). Das sind Worte, die unseren Weg erhellen, auch wenn der Sinn für die Hoffnung und die Sicherheit der Genesung zu entschwinden scheinen; es sind Worte, von denen ich möchte, dass sie besonders diejenigen aufrichten, die an schweren und schmerzhaften Krankheiten leiden.

Im Antlitz eines jeden Menschen, noch mehr, wenn es von der Krankheit gezeichnet und entstellt ist, erstrahlt das Antlitz Christi, der gesagt hat: „Was ihr für einen meiner geringsten Brüder getan habt, das habt ihr mir getan" (Mt 25,40).

Eben diesen besonders betroffenen Brüdern und Schwestern widmet der Welttag der Kranken seine Aufmerksamkeit. Wir möchten sie die physische und geistliche Nähe der ganzen christlichen Gemeinschaft spüren lassen. Es ist wichtig, dass wir sie nicht allein lassen, dass sie nicht vereinsamen, wenn sie eine so schwere Zeit durchmachen. Diejenigen, die ihnen mit Geduld und Liebe durch ihre berufliche Kompetenz und ihre menschliche Wärme dienen, haben große Verdienste. Ich denke an die Ärzte, die Pfleger, das Krankenpersonal, die freiwilligen Helfer, die Ordensleute und die Priester, die sich nicht schonen und sich wie der barmherzige Samariter über sie beugen, ohne auf ihren sozialen Stand, ihre Hautfarbe oder Religionszugehörigkeit

zu achten, sondern nur auf das, was sie nötig haben. Im Antlitz eines jeden Menschen, noch mehr, wenn es von der Krankheit gezeichnet und entstellt ist, erstrahlt das Antlitz Christi, der gesagt hat: „Was ihr für einen meiner geringsten Brüder getan habt, das habt ihr mir getan" (Mt 25,40).

... Der Gedanke geht zur Grotte von Massabielle, wo sich das menschliche Leiden und die Hoffnung, die Angst und das Vertrauen kreuzen. Wie viele Pilger finden, vom Blick der Gottesmutter getröstet, in Lourdes die Kraft, den Willen Gottes, auch wenn er sie Verzicht und Schmerz kostet, leichter zu erfüllen, dies im Bewusstsein, dass Gott – wie der Apostel Paulus schreibt – bei denen, die ihn lieben, alles zum Guten führt (vgl. Röm 8,28). Die brennende Kerze ist das Zeichen des aufrichtigen Verlangens, mit Jesus zu gehen, dem Glanz des Friedens, der die Finsternis erhellt und uns drängt, selbst Licht und Stütze zu sein für unseren Nächsten. Niemand, besonders wer sich in der Lage schweren Leidens befindet, darf sich einsam und verlassen fühlen. Ich vertraue euch der Jungfrau Maria an. Sie wurde, nachdem sie unsägliches Leiden erfahren hat, in den Himmel aufgenommen, wo sie uns erwartet und wo wir – so hoffen wir – mit ihr eines Tages die Herrlichkeit ihres göttlichen Sohnes teilen können, die Freude ohne Ende.

Wie viele Pilger finden, vom Blick der Gottesmutter getröstet, in Lourdes die Kraft, den Willen Gottes, auch wenn er sie Verzicht und Schmerz kostet, leichter zu erfüllen.

Papst Benedikt XVI., Botschaft zum Welttag der Kranken am 11. Februar 2007

ANTATA SVPER
RIVOS AQVARVM

Das Mädchen „Bernadette“

„Bernadette“ ist eine Verkleinerungsform. Eine Verkleinerungsform passt gut zu dem Mädchen Soubirous – auch nach dem großen Ereignis der Erscheinungen, auch jetzt noch, da sie heiliggesprochen ist. Denn Bernadette wollte immer klein und unbedeutend bleiben. Ihr fehlte es weder an Persönlichkeit noch an Stolz. Aber sie wollte auf keinen Fall, dass man sich bei ihr aufhielt: Das Entscheidende war die Botschaft, nicht die Überbringerin der Botschaft. Sie verglich sich mit einem Besen, den man hinter die Tür stellt, wenn man ihn nicht mehr braucht.

Aber sie konnte ihren Rosenkranz beten, diese Gebetsschnur mit ihren etwas mehr als fünfzig Perlen befand sich stets in ihrer Tasche.

In der Tat wurde die älteste Tochter Soubirous, die am 7. Januar 1844 geboren wurde, am 9. Januar auf den Namen Bernarde getauft. Doch um sie von Tante Bernarde, der Schwester ihrer Mutter zu unterscheiden, die in der Familie eine bedeutende Rolle spielte, wurde es schnell zur Gewohnheit, sie Bernadette zu nennen. Die Sitten waren bei den Bergbewohnern des 19. Jahrhunderts wohl hart. Doch Bernadette kam ein unvergleichlicher Reichtum zugute: die Liebe, die in ihrer Familie herrschte, insbesondere die Liebe ihres Vaters. Diese Liebe half der Familie, schwere Prüfungen durchzustehen: wirtschaftlicher Ruin, gesellschaftlicher Misskredit, Krankheit, Trauerfälle. Die familiäre Atmosphäre wurde vom Gebet genährt. Zur Zeit der Erscheinungen konnte Bernadette weder lesen noch schreiben. Sie nahm auch nicht am Religionsunterricht teil. Trotz ihrer 14 Jahre und trotz ihres Verlangens nach der heiligen Kommunion war sie noch nicht zur Erstkommunion gegangen. Aber sie konnte ihren Rosenkranz beten, diese Gebetsschnur mit ihren etwas mehr als fünfzig Perlen befand sich stets in ihrer Tasche. ...

Zur Zeit der Erscheinungen (11. Februar – 16. Juli 1858) stand Bernadette im Mittelpunkt eines Konfliktes zwischen mehreren Autoritäten: die der Dame,

die sie gebeten hatte, jeden Tag zur Grotte zu kommen; die ihrer Eltern, des Kommissars und der Ordensschwestern, die sie davon abhalten wollten; und die der Priester, die sich vorsichtig zurückhielten. Es ist ein Wunder, dass Bernadette nicht den Kopf verloren hat!

Ihr Leben hörte nicht mit der letzten Erscheinung am 16. Juli auf. Im Jahr 1858 war sie 14 Jahre alt. Sie starb 1879 im Alter von 35 Jahren. Der größte Teil ihres Lebens verlief also nach den Erscheinungen. Am Anfang war die Falle der Bekanntheit und des Reichtums. Bernadette war bereit, Zeugnis zu geben, aber sie wollte in dieser Welt nie einen Nutzen aus der Gnade ziehen, die sie aus der anderen Welt bekommen hatte. Ihre Armut und ihre Demut in Bezug auf die Gaben Gottes gingen so weit, dass sie sich gegen Ende ihres Lebens sogar fragte, ob sie sich nicht getäuscht hatte.

Bernadettes Leben war streng, aber Bernadette selbst hatte nichts Trauriges an sich. Sie verbreitete Freude und Frieden, und das kam sowohl den Kranken, als auch den Kindern und den jungen Ordensschwestern zugute.

Acht Jahre vergingen, bevor Bernadette nach Nevers ging, um ins Kloster einzutreten. Sie wollte sich verbergen und den Armen dienen. Das konnte sie nicht in dem Maße tun, in dem sie es wünschte. Aus Gehorsam musste sie bis zum Schluss auf die Fragen der Besucher antworten. Was den Dienst betraf, so wurde er durch ihre anfällige Gesundheit eingeschränkt. Dennoch war sie eine sowohl von den Ärzten als auch von den Schwestern geschätzte Krankenschwester.

Bernadettes Leben war streng, aber Bernadette selbst hatte nichts Trauriges an sich. Sie verbreitete Freude und Frieden, und das kam sowohl den Kranken, als auch den Kindern und den jungen Ordensschwestern zugute.

Sobald Bernadette zur heiligen Kommunion gehen konnte, nährte sie sich von der Eucharistie. Ihre Erstkommunion fand kurz vor der letzten Erscheinung statt. Wegen ihrer tiefen Sammlung hatte Bernadette die Erlaubnis

erhalten, die heilige Kommunion häufig zu empfangen – und dies zu einer Zeit, in der man eher selten kommunizierte. Während ihrer schlaflosen Nächte auf der Krankenstation von Nevers betrachtete sie ein Bild von der heiligen Wandlung und vereinte sich mit allen heiligen Messen, die in diesem Augenblick irgendwo in der Welt gefeiert wurden. Sie war mit Christus in seinem Leiden vereint und hat aus ihrem Leben „ein heiliges und lebendiges Opfer" gemacht.
Bernadette starb in Nevers am 16. April 1879. Ihr Leib ruht dort in der Kapelle der Schwestern. Sie wurde 1933 heiliggesprochen.

Bischof Jacques Perrier

Die Chronik der Erscheinungen der Gottesmutter am Felsen Massabielle im Jahre 1858

Donnerstag, 11. Februar
Eigentlich wollte das junge Mädchen Bernadette in Begleitung ihrer Schwester und einer Freundin nur Holz sammeln gehen. Doch als ihr Weg sie durch einen kleinen Bach führt, an dem sich auch die Grotte Massabielle befindet, wird sie von einem plötzlichen Windstoß überrascht, der aus der Richtung der Grotte kommt. Und da geschah es: Vor ihren Augen sieht Bernadette in einer Nische oberhalb der Grotte eine weiß gekleidete Gestalt, eine „Dame, die ein weißes Kleid und einen weißen Schleier, einen blauen Gürtel und auf jedem Fuß eine gelbe Rose" trug. In ihrer Ehrfurcht fällt das Mädchen auf die Knie, macht ein Kreuzzeichen und betet gemeinsam mit der Dame den Rosenkranz. Danach verschwindet die schöne Dame wieder.

Sonntag, 14. Februar

Diese erste Erscheinung hielt Bernadette nicht mehr zurück. Trotz eindringlichen Verbots der Eltern, auf keinen Fall wieder zur Grotte zu gehen, gibt die Mutter schließlich nach und erlaubt ihr, diesen Ort nochmals aufzusuchen. Diesmal ist sie in Begleitung ihrer Freunde aus der Nachbarschaft. Gemeinsam beten sie das Rosenkranzgebet. Als die Dame ihr wieder erscheint, besprengt Bernadette sie mit Weihwasser. Daraufhin lächelt die Dame und bleibt bei ihnen bis zum Ende ihres Gebetes.

Donnerstag, 18. Februar

Die Kunde von diesen Erscheinungen verbreitet sich schnell in Lourdes. Ein paar Tage später begibt sich Bernadette wieder in die Höhle der Erscheinungen, nun in Begleitung zweier Frauen, die sie bitten, die Dame doch zu fragen, wer sie sei und was sie wolle. Zu diesem Zweck hatten sie eigens ein kleines Täfelchen mitgebracht, auf das die Dame schreiben sollte. Tatsächlich erscheint diese auch diesmal, hält es jedoch nicht für nötig, ihr zu sagen, wer sie ist. Stattdessen erhält Bernadette den Auftrag, regelmäßig zur Grotte zu kommen: „Ich verspreche Ihnen nicht, Sie in dieser Welt glücklich zu machen, wohl aber in der anderen. Würden Sie die Güte haben, 14 Tage lang hierherzukommen?“

Freitag 19. Februar

An diesem Freitag macht sich Bernadette in Begleitung ihrer Mutter und einiger Frauen auf, um vor der Grotte zu beten. Heute hat sie eine geweihte Kerze dabei, die sie dort ansteckt. Aus diesem Grund werden auch heute noch Kerzen vor der Grotte angezündet.

Samstag, 20. Februar
Die Dame in Weiß lehrt Bernadette ein Gebet, das nur für sie bestimmt ist. Nach der Erscheinung lässt die Dame sie jedoch traurig zurück.

Sonntag, 21. Februar
An diesem Sonntag sind ca. 100 Menschen zugegen, unter ihnen auch der Polizeikommissar Jacomet, der nach der Erscheinung genau wissen will, was Bernadette gesehen hat. Doch weil die Dame immer noch nicht gesagt hat, wer sie ist, kann sie keine genauere Auskunft geben.

Dienstag, 23. Februar
Wiederum in Begleitung einer großen Menschenmenge erscheint Bernadette die Dame nochmals, offenbart ihr jedoch ein Geheimnis, das allein für sie bestimmt ist.

Mittwoch, 24. Februar
Die Menschenmenge wird immer größer. Die Botschaft der Dame von heute: „Buße! Buße! Buße! Beten Sie zu Gott für die Sünder! Küssen Sie die Erde zur Buße für die Sünder!“

Donnerstag, 25. Februar
Auch heute erhält Bernadette von der weißen Dame einen Auftrag: „Trinken Sie aus der Quelle und waschen Sie sich dort.“ Nach langer Suche findet sie dann tatsächlich in der Grotte ein wenig schlammiges Wasser, aus dem sich dann später eine Quelle sauberen Trinkwassers bildet. Außerdem wurde Bernadette aufgefordert, ein Kraut zu essen, das sich in der Nähe der Quelle befand. Auf die Frage hin, ob sie wüsste, dass man sie unter Umständen für verrückt hielte, wenn sie so etwas mache, sagte sie nur: „Das ist für die Sünder.“

FABISCH
QUE SOY
ERA
IMMACULADA COUNCEPCIOU

Samstag, 27. Februar

In Gegenwart von 800 Menschen äußert sich die Dame heute nicht. Das junge Mädchen trinkt Wasser aus der Quelle und fährt mit ihren Bußgesten fort.

Sonntag, 28. Februar

Bernadette betet mit der schönen Dame. Sie küsst nochmals die Erde und bewegt sich zum Zeichen der Buße auf ihren Knien fort. Als sie nach Hause zurückkehrt, droht ihr der Jugendrichter Ribe mit dem Gefängnis, falls sie sich weiterhin zur Grotte begibt. Aber nichts kann sie von ihren weiteren Plänen abbringen.

Montag, 1. März

Am Anfang dieser Woche sorgt nicht Bernadette, sondern eine Frau namens Catherine Latapie für Schlagzeilen: Nachdem sie ihren Arm in das Quellwasser getaucht hat, ist dieser sofort geheilt. Unter der großen Menschenmenge, die auf über 1500 Menschen angewachsen ist, befindet sich erstmals auch ein Priester.

Dienstag, 2. März

Die weiße Dame hat einen neuen Auftrag für Bernadette: „Sagen Sie zu den Priestern, dass man in Prozessionen hierherkommen und eine Kapelle bauen soll." Doch der Pfarrer von Lourdes ist skeptisch: Er will nicht nur den Namen der Dame wissen, sondern fordert ein Zeichen: Mitten im Winter soll der wilde Rosenstrauch an der Grotte erblühen.

Mittwoch, 3. März

In Anwesenheit von 3000 Menschen geht Bernadette heute schon recht früh zur Grotte, doch die Dame erscheint ihr nicht. Schließlich macht sich das

Mädchen zur Schule auf, verspürt nach dem Unterricht aber den Drang, nochmals zur Grotte zu gehen. Dort erscheint die Dame ihr dann tatsächlich. Auf die Frage nach ihrem Namen hin antwortet die Dame jedoch nur mit einem Lächeln. Pfarrer Peyramale bleibt hartnäckig: Wenn die Kapelle erbaut werden soll, muss uns die Dame ihren Namen mitteilen, und der Rosenstrauch soll blühen.

Donnerstag, 4. März

Die Menge ist inzwischen auf 8000 Menschen angewachsen. Doch die Dame schweigt auch heute. Bernadette erfährt weder ihren Namen noch vollzieht sich das Wunder der Rosenblüte. Während der kommenden 20 Tage verspürt Bernadette nicht mehr das Bedürfnis, in die Grotte zu gehen.

Donnerstag, 25. März

Endlich! Die schöne weiße Dame offenbart ihren Namen: „Ich bin die Unbefleckte Empfängnis." Bernadette ist irritiert und kann mit diesem Namen nichts anfangen. Gemeint ist Marias Bewahrung vor jeglicher Erbsünde, eine Glaubenswahrheit, die vier Jahre zuvor, 1854, als katholisches Dogma verkündet wurde. Sie teilt den Namen dem Pfarrer mit, der nachdenklich wird: Bernadette konnte diesen Namen unmöglich erfunden haben!

Mittwoch, 7. April

Nochmals erscheint Bernadette die Dame. Während dieser Erscheinung geschieht etwas Ungewöhnliches: Obwohl Bernadette eine brennende Kerze unter ihrer Hand hält, verbrennt sie sich nicht. Ein Arzt, der neben dem Mädchen steht, kann dies bestätigen.

Donnerstag, 16. Juli

Der Weg zur Grotte bleibt Bernadette heute verwehrt: Die Grotte ist polizeilich abgesperrt. Vom anderen Ufer des Flusses Gave jedoch sieht Bernadette die Dame plötzlich wieder: „Mir schien, ich sei an der Grotte ohne größere Entfernung wie früher. Ich sah nur Maria. Nie sah ich sie so schön!"

Das große Lourdes-Lied

I.

Der Engel geleitet mit sorgender Hand
das Kind Bernadette an des Flusses Rand.
Im Brausen des Windes das Mägdlein vernimmt,
dass ihm eine Gnade des Himmels bestimmt.
Auf Massabiell' schaut es ein strahlendes Licht,
wie solches entstanden, begreift es wohl nicht.
Mit freundlichem Antlitz, gar lieblich und mild,
erscheint dort ein himmlisches Jungfrauenbild.
Der Blick ist erfüllet mit göttlichem Licht;
das wonnige Lächeln sagt: „Fürchte dich nicht!"
Weiß ist das Gewand wie die Lilie der Au,
der Gürtel ist lang und wie Himmel so blau.

Und sieh, zu den Füßen, da pranget in Gold
die himmlische Rose, so duftend und hold.
Der Rosenkranz schlinget sich fromm um die Hand,
es wallet der Schleier herab aufs Gewand.
Mit klopfendem Herzen beginnt nun geschwind
das Ave zu beten das glückliche Kind.

II.

Es schwand die Erscheinung, das Mägdlein ruft aus:
„Auf Wiedersehn morgen!“ und eilet nach Haus.
Sein Herz aber bleibt in der Grotte zurück
und sehnt sich nach dem dort empfundenen Glück.
„Ach, lass mich zur Mutter, die dorten erscheint,
du, irdische Mutter! Mein Herze sonst weint;
Sie ist ja so schön, lass zur Grotte mich gehn,
ich muss jene Dame recht bald wieder sehn!“
Und gleich einer Taube, so nimmt sie den Flug
und folget der Gnade allmächtigem Zug.
„O sprich, holde Dame, was willst du von mir?
Was immer dein Wunsch, ich erfülle ihn dir!“
„Mit deinen Gespielen komm fünfzehnmal her,
das ist jetzt mein Wunsch und mein einzig Begehr.
Gehorsamstes Kind! Ich verspreche dafür,
dich glücklich zu machen im Himmel, nicht hier.“
„Du freilich bist gut, wird die Welt mir verzeihn,
dass ich dich gesehn; wird sie nachsichtig sein?
O nein, sie wird spotten; sie glaubet mir nicht;
ich hab’ nur die Wahrheit, die, ach für mich spricht.“

III.

An Bernadett's Seite da kniet im Gebet
vor Tag schon die Menge und weinet und fleht.
Das Hirtenkind gleicht einem Engel, der gern
erfüllt den Befehl und den Willen des Herrn.
Nun wird sie verzückt, wird bald rot und bald bleich,
die Züge sind unschuldig, kindlich und weich.
Auf schaut sie zur Dame, ihr strahlender Blick
erzählt von unendlich erhabenem Glück.
Und während sie betet, erstrahlet auch schon
ihr Antlitz im Glanze der Himmelsvision.
Das gläubige Volk, es kniet staunend umher
und kennt fast das betende Mägdlein nicht mehr.
„Was ist dir, o Dame?“ so fragt jetzt das Kind,
„warum bist du traurig, so sag es geschwind!“
„Was soll ich denn tun, um dein Herz zu erfreun?“
„Du sollst für die Sünder Gebete mir weihn.
Auch will ich, dass gläubig, vertrauend und fromm
man hierher zur Grotte im Pilgerzug komm.
Es soll die Kapelle aus Marmor entstehn
hier an diesem Ort, der mein Antlitz gesehn.“

IV.

O tiefes Geheimnis der Liebe, so rein!
Vermag eine Mutter denn treulos zu sein!
Das Kind kommt schon zweimal; es hält liebend Wort;
die Mutter erscheint nicht am heiligen Ort.
„O gütige Dame, weißt du denn gar nicht,
dass es deinem Kind an Beistand gebricht?“
„Sei mutig und harre: die Prüfung vergeht;
und stark wird der Glaube, wenn treu er besteht.“
Und wieder erschienen ist heut sie dem Kind,
das glücklich und selig und himmlisch gesinnt.
„O gütige Dame, sei freundlich zu mir
und gib mir ein Zeichen der Liebe von dir!“
„Ein Unterpfand gib, dass ich Wahrheit gesagt;
denn siehe, wie man mich der Lüge anklagt.
Lass zu deinen Füßen am Dornbusch erblühn
die Rose, auf dass ihre Zweifel verziehn!“
Da lächelt die Dame: „Dein Wunsch ist erhört,
doch geb’ ich dir Bessres, als was du begehrst.
Die Blume verwelket, stirbt ab und vergeht;
die Liebe der Mutter für immer besteht.“

V.

„Geh hin zu der Quelle, ihr Wasser so rein,
es soll dies ein bessres Geschenk von mir sein.“
Das Kind eilt zum Flusse. Ein Zeichen, ein Blick,
ruft es in die Grotte zur Dame zurück.
Nun gräbt es die Erde mit flüchtiger Hand,
und bald schon entdeckt es befeuchtet den Sand.

Es fließet das Wasser, das seither befreit
viel Tausend von Menschen von Krankheit und Leid.
„O himmlische Dame, ich bitte dich, sprich!
Wie ist doch dein Name? Wie heißet man dich?
Verbirg dich nicht länger vor mir, deiner Magd,
die demütig bittend dich darum befragt."
Und zweimal steigt aufwärts des Kindes Gebet
zum Herzen der Mutter und dränget und fleht.
Da naht sich das Fest, wo aus Gabriels Mund

das hohe Geheimnis der Jungfrau ward kund.
Sie strahlet in Schönheit, in lieblicher Weis;
auch gibt sie ihr letztes Geheimnis jetzt preis.
„Die Sündlos Empfangne“, so sprach sie, „bin ich;
die Makellos-Reine; nun kennest du mich.“

VI.

Zum Himmel steig wieder, Maria hinauf,
und nimm unser Herzensgebet mit hinauf.
Es wird ja dein Wunsch, viele Menschen zu sehn
in Lourdes, ganz gewiss in Erfüllung einst gehn.
Wir grüßen dich, Tal, wo die Jungfrau so rein
besonders geliebt und verehret will sein.
Die Grotte, die ehmals verlassen und wild,
sie schmückt jetzt ihr heiliges himmlisches Bild.
Die Quelle, sie fließet und hört nimmer auf;
zu ihr strömt die Menge in eilendem Lauf.
Das Heiligtum hat schon seit Jahren gesehn
viel Tausend von Pilgern erscheinen und gehn.
Die heiligen Hallen verkünden es laut,
was einstens das Kind Bernadette geschaut.
Wohl kennt man den Weg, der zum Heiligtum führt,
es wallt ihn der Pilger gar freudig gerührt.
Er führet ins Vaterland, zum Paradies;
wohl dem, der in Lourdes dort sein Herz zurückließ.
O leite und führe uns, himmlischer Stern,
zum Himmel, zur Heimat, zu Gott unserm Herrn!

Gebet der Bischöfe zur Anempfehlung Europas an Maria

Maria, unsere heilige Mutter,
wache du über die Kirche in Europa,
die wir deiner mütterlichen Liebe anvertrauen,
auf dass wir uns für die Gute Nachricht öffnen,
in Frieden, Einheit und Harmonie leben können.
Schenke uns die Gnade, den Fremden in Not
aufzunehmen,
den Armen, Obdachlosen und Arbeitslosen
gegenüber großzügig zu sein,
um voller Freude das Evangelium der Hoffnung
zu verkünden.

Maria, du bist gebenedeit unter den Frauen,
du hast den Willen des Vaters angenommen.
Deinem Herzen vertrauen wir unsere Familien an,
unsere Jugend, unsere alten Menschen,
all jene, die in Leib und Seele gebrechlich sind,
und alle Kranken.
Wir bitten dich, tröste alle, die leiden, die verletzt
oder niedergeschlagen sind.
Öffne jedes Herz für Jesus, deinen Sohn.

Maria, reine Jungfrau,
dir anempfehlen wir die Kirche in Europa.
Möge der Heilige Geist uns verwandeln,
damit wir die Heiligkeit des Lebens bezeugen,
die Schöpfung Gottes bewahren, Frieden und Versöhnung bringen

und treue Dienerinnen und Diener Jesu Christi sind,
der sich dem Vater weihte und sein Leben gab,
um unsere Sünden zu tilgen
und uns den Weg der Ewigkeit eröffnete.

Maria, Mutter der Kirche,
bitte für ganz Europa, bitte für uns, für uns.

Seid freie Männer und Frauen!

Es war mein sehnlicher Wunsch, diese Pilgerfahrt nach Lourdes zu unternehmen, um an ein Ereignis zu erinnern, das bis zum heutigen Tag *die eine und unteilbare Dreifaltigkeit verherrlicht.* Die Unbefleckte Empfängnis Marias ist Zeichen der ungeschuldeten Liebe des Vaters, vollkommene Offenbarung der vom *Sohn* vollbrachten Erlösung und Ausgangspunkt eines Lebens, das ganz offen ist für das Wirken des *Geistes*. ...

„Nach einigen Tagen machte sich Maria auf den Weg und eilte in eine Stadt im Bergland ...“ (Lk 1,39). Die Worte des Berichts aus dem Evangelium lassen uns mit den Augen des Herzens auf die junge Frau von Nazaret schauen, die sich aufmacht in die *„Stadt im Bergland von Judäa“*, wo ihre Kusine lebte, um ihr ihre Unterstützung anzubieten. Was uns an Maria vor allem berührt, ist *ihre zärtliche Aufmerksamkeit gegenüber der älteren Verwandten.* Es ist eine konkrete Liebe, die sich nicht auf verständnisvolle Worte beschränkt, sondern im persönlichen und tatkräftigen Beistand Ausdruck findet. Die Jungfrau gibt ihrer Kusine nicht lediglich etwas, was ihr gehört; *sie schenkt sich selbst hin*, ohne irgendeine Gegenleistung zu erwarten. Sie hat voll erkannt, dass die von Gott erhaltene Gabe nicht so sehr ein *Privileg*, sondern vielmehr ein *Auftrag* ist, eine Verpflichtung gegenüber den Mitmenschen im Geiste der Selbstlosigkeit, die Kennzeichen der Liebe ist.

„Meine Seele preist die Größe des Herrn ...“ (Lk 1,46). Bei ihrer Begegnung mit Elisabet kommen die Empfindungen Marias im Gesang des *„Magnifikat“* kraftvoll zum Ausdruck. Ihre Lippen bekennen die *hoffnungsvolle Erwartung* jener, die „arm sind im Herrn“, und *das Wissen um die Erfüllung seiner Verheißungen*, denn er *„denkt an sein Erbarmen“* (Lk 1,54).

QUE SOY
ERA
IMMACULADA COUNCEPCIOU

Aus eben dieser Gewissheit ergibt sich die Freude der Jungfrau Maria, die aus dem gesamten Magnifikat hervorstrahlt: *Freude* darüber, sich trotz der eigenen „Niedrigkeit“ von Gott „angeschaut“ zu wissen (vgl. Lk 1,48); *Freude* über den „Dienst“, den sie zu leisten vermag dank der „Wunder“, zu denen sie der Allmächtige berufen hat (vgl. Lk 1,49); *Freude* über den Vorgeschmack auf die eschatologischen Seligpreisungen, die den „Niedrigen“ und „Hungernden“ vorbehalten sind (vgl. Lk 1,52–53). *Auf das Magnifikat* folgt *die Stille*, und *nichts* wird über den dreimonatigen Aufenthalt Marias an der Seite ihrer Kusine Elisabet gesagt. Oder vielleicht wird uns gerade das Wichtigste gesagt: *Das Gute erregt kein Aufsehen*, und die Kraft der Liebe äußert sich in der zurückhaltenden Diskretion des täglichen Dienens.

Durch ihre Worte und ihr Schweigen erscheint uns die Jungfrau Maria als Vorbild auf unserem Weg.

Durch ihre Worte und ihr Schweigen erscheint uns die Jungfrau Maria als Vorbild auf unserem Weg. *Ein solcher Weg ist nicht einfach:* Aufgrund der Verfehlung ihrer Stammeltern trägt die Menschheit in sich die Wunde der Sünde, deren Auswirkungen auch noch für die Erlösten spürbar sind. Das Böse und der Tod *werden aber nicht das letzte Wort haben*: Maria bestätigt dies durch ihr ganzes Dasein als *lebendige Zeugin des Sieges Christi, unseres Pascha-Lammes.*

Die Gläubigen haben dies verstanden. Daher kommen sie in großer Zahl zur Grotte, um die mütterlichen Ermahnungen der Jungfrau zu hören. Sie erkennen in ihr die „mit Sonne bekleidete Frau“ (vgl. Offb 12,1), die Königin, die zur Rechten des Herrn thront (vgl. Antwortpsalm) und Fürbitte für sie einlegt.

Heute feiert die Kirche die *glorreiche Aufnahme Mariens mit Leib und Seele in den Himmel.* Die beiden Dogmen der Unbefleckten Empfängnis und der

DAS LICHT DIESER KERZE
IST ZEICHEN MEINES BETENS

Aufnahme in den Himmel sind *eng miteinander verbunden*. Beide verkünden die Herrlichkeit des Erlösers Christus und die Heiligkeit Marias, deren menschliches Schicksal von nun an seine vollkommene und endgültige Vollendung in Gott findet.
„Wenn ich gegangen bin und einen Platz für euch vorbereitet habe, komme ich wieder und werde euch zu mir holen, damit auch ihr dort seid, wo ich bin", hat Jesus uns verkündet (Joh 14,3). *Maria ist Unterpfand der Erfüllung der Verheißung Christi.* Ihre Aufnahme in den Himmel wird für uns zum „Zeichen der sicheren Hoffnung und des Trostes" (Lumen gentium, 68).

... Aus der Grotte von Massabielle spricht die Unbefleckte Jungfrau auch zu uns Christen des dritten Jahrtausends. Lasst uns auf sie hören!

Von dieser Grotte aus richte ich einen besonderen Appell an euch *Frauen.* Durch ihre Erscheinung an diesem Ort hat Maria ihre Botschaft *einem Mädchen* anvertraut, gleichsam um *die besondere Sendung der Frau* in unserem Zeitalter zu betonen, das durch den Materialismus und die Säkularisierung versucht wird. Diese Sendung besteht darin, in der heutigen Gesellschaft *Zeuginnen jener grundlegenden Werte* zu sein, die sich nur mit den Augen des Herzens erkennen lassen. Ihr Frauen sollt *Wächterinnen des Unsichtbaren* sein! An euch alle, Brüder und Schwestern, richte ich den dringlichen Appell, dass ihr alles in eurer Macht Stehende tut, damit das Leben, das ganze Leben, von der Empfängnis bis zu seinem natürlichen Ende geachtet wird. Das Leben ist ein heiliges Geschenk, niemand darf sich zum Herrn darüber erheben.

Das Leben ist ein heiliges Geschenk, niemand darf sich zum Herrn darüber erheben.

Schließlich richtet die Muttergottes von Lourdes folgende *Botschaft an alle Menschen: Seid freie Frauen und Männer!* Aber denkt daran: Die menschliche Freiheit ist von der Sünde gezeichnet und muss ihrerseits befreit werden. *Christus ist ihr Befreier,* Er, der uns „zur Freiheit befreit“ hat (vgl. Gal 5,1). Verteidigt eure Freiheit!

Liebe Freunde, wir wissen, dass wir dazu auf jene Frau zählen können, die niemals der Sünde nachgegeben hat und deshalb das einzig wirklich freie Geschöpf ist. Ihr vertraue ich euch an. Geht mit Maria auf den Wegen der vollen Verwirklichung eures Menschseins!

Papst Johannes Paul II. in Lourdes
am 15. August 2004

Heilung einer Deutschen in Lourdes

Von den ca. 7000 inzwischen gemeldeten Heilungen sind 67 von der Kirche offiziell als Wunder anerkannt worden. Unter diesen Geheilten befindet sich auch eine Deutsche namens Thea Angele, die am 24. September 1921 in Tettnang geboren wurde.

Bevor sie überhaupt nicht mehr sprechen konnte, hatte sie oft darum gebeten, nach Lourdes gebracht zu werden. Die multiple Sklerose, an der sie leidet, hat ihr nun alle ihre Fähigkeiten geraubt. Ihr Zustand hat sich ständig verschlimmert, insbesondere seit jenem Bombenangriff auf dem Weg nach Tübingen 1945, bei dem sie lebendig begraben wurde.

1950 beschließen ihre Angehörigen, ihr auch entgegen der Ansicht der Ärzte das zu erfüllen, was man für ihren letzten Wunsch hielt: nach Lourdes fahren. „Wie kann man eine Sterbende ins Ausland schicken bei fast 30 Stunden Zugfahrt?“ fragte einer ihrer Ärzte in Köln.

Doch sie kommt am 17. Mai 1950 wohlbehalten an. Nach ein paar Bädern und der Prozession mit dem Allerheiligsten erlangt sie innerhalb weniger Stunden alle verlorenen Fähigkeiten zurück: Sie kann sprechen, kommt wieder zu Kräften, kann gehen und hat Appetit. All dies ist detailliert in ihrer Akte im Medizinischen Büro festgehalten. Doch was nicht dort steht, ist Theas geistige Heilung: 1955 beschließt sie, in Lourdes in das Kloster der Unbefleckten Empfängnis einzutreten. Seitdem hat sich bei Thea, die nun Schwester Maria-Mercedes heißt, bis zu ihrem Tod am 10.5.2004 nie ein Rückfall gezeigt.

Am 28. Juni 1961 wurde diese Heilung durch Bischof Pierre-Marie Théas von Tarbes und Lourdes als Wunder anerkannt.

Lourdes – Eine neue Quelle der Gnade Gottes

Als ich 1945 mit vierzehn Jahren das Kriegsende erlebte, war mir Lourdes ziemlich unbekannt. Und die Madonnen, denen ich in einigen Lourdesgrotten begegnete, wirkten fremdartig gegenüber den liebenswürdigen und zugleich kräftigen Darstellungen der Mutter mit dem Kind in unseren bayerischen Kirchen. Dann aber faszinierte mich Franz Werfels Buch „Das Lied der Bernadette" und seine Verfilmung. Da wird der große jüdische Schriftsteller, in Deutschland verfemt und nach Frankreich emigriert, zu Fuß auf der Flucht nach Spanien in Lourdes von dem Schicksal der Bernadette Soubirous berührt. Er gelobt, für den Fall der Rettung darüber ein Buch zu schreiben. Von diesem armen, ungebildeten, asthmakranken vierzehnjährigen Mädchen, dem am 11. Februar 1858 an der Grotte die zarte, weiße, lächelnde Dame erscheint (und an weiteren 17 Tagen), geht eine Bewegung aus, die Millionen von Menschen erfasst und Lourdes zu einem berühmten Wallfahrtsort macht, zu einem Ort der Rettung.

Lourdes erscheint mir dann als Ort der Hoffnung für das isolierte Nachkriegsdeutschland. Bischof Theas machte es zu einer Stätte der Versöhnung, auch zwischen Franzosen und Deutschen, zu einem Ort der Friedensbewegung. Und bei den jährlichen Soldatenwallfahrten begegnen sich die Vertreter der verschiedensten, einst verfeindeten Nationen. Als Ort der Hoffnung erlebe ich es für ungezählte Kranke. Wenn sie zurückkommen, auch ohne körperliche Genesung, bezeugen die meisten eine innere Heilung, seelische Stärkung für den Weg des Leidens. Das ist der Kern aller Wunder Gottes: Da, wo wir Menschen meinen, am Ende zu sein, erfahren wir: Bei Gott ist kein Ding unmöglich.

An Lourdes, an Bernadette Soubirous wird deutlich, dass in der Geschichte Gottes mit den Menschen andere Maßstäbe gelten als die unserer Gesellschaft. Es gilt noch immer, was Paulus an die Korinther schreibt: „Das Niedrige in der Welt und das Verachtctc hat Gott erwählt" (1 Kor 1, 28). In der entkirchlichten, freigeistigen, materialistischen Gesellschaft Frankreichs des 19. Jahrhunderts bricht durch ein armes Mädchen und nicht durch große Theologen, hochgebildete Künstler und Machthaber eine neue Quelle der Gnade Gottes auf.

Alle Verhöre, Drohungen und Quälereien können Bernadette, die als Name der Dame nur deren seltsame Aussage: „Ich bin die Unbefleckte Empfängnis" wiedergibt, nicht beeindrucken. Allen weltlichen und geistlichen Autoritäten widersteht die Lauterkeit und Einfalt ihres Herzens. So sagt sie auf die Frage, in welcher Sprache die Dame gesprochen habe, in Französisch oder Lateinisch, einfach: „Im Dialekt von Lourdes". Und auf die Belehrung, im Himmel spreche man keinen Dialekt, ist ihre einfache Antwort: „Woher können wir es, wenn der liebe Gott es nicht kann?" Und das ist meine Hoffnung: Gott, Maria, die Heiligen werden weiter hineinsprechen in die Welt – im Dialekt der Kleinen und Armen.

Odilo Lechner OSB

Eine einzigartige Schule des Gebets

„Hier, vor der Grotte von Massabielle kniend, spüre ich mit Ergriffenheit, dass ich *das Ziel meiner Pilgerfahrt erreicht* habe. Diese Grotte, in der Maria erschienen ist, ist das Herz von Lourdes. Sie erinnert an die Höhle auf dem Berg Horeb, wo Elija dem Herrn begegnete, der aus einem „sanfte[n], leise[n] Säuseln“ heraus zu ihm sprach (1 Kön 19,12). Hier forderte die Jungfrau das Mädchen Bernadette auf, mit ihr den Rosenkranz zu beten. Diese Grotte ist somit zum *Lehrstuhl in einer einzigartigen Schule des Gebets* geworden, in der Maria alle lehrt, mit brennender Liebe das Antlitz Christi zu betrachten.

Deshalb ist Lourdes der Ort, an dem die Gläubigen Frankreichs und vieler anderer Nationen Europas und der ganzen Welt auf Knien beten.

Als Pilger in Lourdes wollen wir ... gemeinsam mit der Jungfrau erneut die „Geheimnisse“, in denen sich Jesus als „Licht der Welt“ offenbart, im Gebet betrachten. Erinnern wir uns an seine Verheißung: „Wer mir nachfolgt, wird nicht in der Finsternis umhergehen, sondern wird das Licht des Lebens haben“ (Joh 8,12). Lasst uns von der demütigen Magd des Herrn *die fügsame Bereitschaft zum Hören* und die großherzige Annahme der Lehre Christi in unserem Leben lernen.

Wir wenden uns nun an die allerseligste Jungfrau Maria und sprechen gemeinsam mit Bernadette: „Meine gute Mutter, erbarme dich meiner; ich gebe mich dir ganz hin, damit du mich deinem geliebten Sohn anvertraust, den ich von ganzem Herzen lieben will. Meine gute Mutter, schenke mir ein Herz, das für Jesus entflammt ist.“

Grußwort Johannes Pauls II. in der Grotte von Massabielle zur Einführung des Rosenkranz-Gebets am 14. August 2004

Gottes Heilzusage

Vor Jahren schon, noch zur Zeit des Kommunismus, besuchte ich in Polen das berühmte dortige Marienheiligtum Tschenstochowa. Ich war beeindruckt von der tiefen Frömmigkeit der Pilger, der ich dort begegnete, versenkte mich selbst ins Gebet vor der schwarzen Gottesmutter und gab ihr meine Sorgen. Später kam dann aber eine Frage in mir auf. Ich hatte auch Lourdes erlebt. Darum begann ich dann Tschenstochowa mit Lourdes zu vergleichen. Ich sprach den polnischen Weihbischof Musiel an, einen weisen Seelsorger, der bekannt war für seinen Kampf gegen die Unterdrücker des Glaubens; wohl kaum ein Hirte der Kirche Polens war so oft von den kommunistischen Behörden verurteilt worden wie er. Ich fragte ihn also, ob sich die Sehnsüchte und Hoffnungen der Pilger Tschenstochowas von denen der Pilger nach Lourdes unterschieden. Seine Antwort: „Wir erwarten keine Wunder." Ich war zunächst perplex. Dann aber verstand ich besser: Das war kein Mangel an Vertrauen – als ob nicht Gott es wäre, der unser Geschick in Händen hält; es war einfach die Bereitschaft des größeren Glaubens, jede Form von Gottes Willen anzunehmen – ganz gleich wie er entschied. Dennoch dürfen wir in unserm schwachen Glauben seine Mutter um Hilfe bitten. Wir sollen auf dem Weg zur Glaubensvollendung nach Lourdes gehen, in unserer kindlichen Ohnmacht ihre Fürbitte anflehen. Ich gestehe Ihnen jedenfalls –, auch wenn ich mich meines schwachen Glaubens ein wenig schäme –, dass ich später in einer gesundheitlich sehr prekären Situation zur Gottesmutter um Hilfe schrie, und zwar nicht zu der von Tschenstochowa, sondern zu der von Lourdes.

„Wir erwarten keine Wunder." Ich war zunächst perplex. Dann aber verstand ich besser: Das war kein Mangel an Vertrauen – als ob nicht Gott es wäre, der unser Geschick in Händen hält; es war einfach die Bereitschaft des größeren Glaubens, jede Form von Gottes Willen anzunehmen – ganz gleich wie er entschied.

Jenseits der Heilkraft Gottes lag jedoch eine der ersten Botschaften, die die heilige Bernadette Soubirous im Auftrag der Jungfrau Maria in die Kirche brachte, in dem Aufruf: „Bittet Gott für die Sünder!“ Die schöne Dame weist auf die Sünde als die Wurzel allen Übels hin. Sie lässt Bernadette die Gräser der Wiese essen als Akt der Buße „für die Bekehrung der Sünder“. Lourdes ist nicht denkbar ohne die Gnade des Bußsakraments für alle Pilger und auch für die *Hospitaliers*. Vor einigen Jahren luden mich Priester aus meiner Heimatdiözese ein, mit ihnen nach Lourdes zu kommen. Sie überzeugten mich mit ihrer Erfahrung: „Zwei Drittel wenigstens gehen während der Wallfahrt zur Beichte.“ Auch haben mir nicht nur einmal die *Chapelains* bei aller Wahrung des Beichtgeheimnisses ihre Bewegung gestanden, die der Beichtdienst an den Pilgern in ihnen geweckt hatte. Diese Wahrheit über die *Reconciliation* darf nicht verschwiegen werden in einer Zeit, die das Sakrament der Beichte zu vergessen scheint; in der die Mitglieder einer italienischen Pfarrei erst im letzten Monat ihren neuen Pfarrer des Städtchens verweisen wollten, weil er sich weigerte, ihnen wie sein Vorgänger die Generalabsolution – als Sündenvergebung zu herabgesetzten Preisen – zu spenden. Man sollte ihnen einmal die Klage eines berühmten Protestanten zurufen, Adolf von Harnack, gewiss kein Freund der katholischen Kirche, aber gegenüber der Gnade der Beichte sehr hellsichtig. Er schrieb: „Wohl erziehen wir unsere Kinder so, dass sie ihre Fehler und Sünden mündlich bekennen sollen, und auch die Verbrecher in den Gefängnissen suchen wir zu einem Schuldbekenntnis zu bewegen. Aber über Kinder und Gefangene haben wir die Einsicht des Segens des Sündenbekenntnisses verloren. Dafür haben wir uns an allgemeine Schuldbe-

kenntnisse im Bausch und Bogen gewöhnt. Sie fallen uns außerordentlich leicht, so leicht, dass es bereits zum guten Kirchenton gehört, wo nur immer eine christliche Versammlung zur Besprechung einer wichtigen Tagesfrage abgehalten wird, ein allgemeines Schuldbekenntnis vorauszuschicken. Eine seltsame und traurige Verwechselung.“

Wie wollen Christen ohne das Beichtbekenntnis die Befreiung erfahren, die eine selbstkritische Bilanz ohne alle Beschönigung schenkt? Wie wollen sie das Glück kosten, das der verlorene Sohn in den Armen des Vaters spürte? Wer die Beichte gering schätzt für seinen Glaubensweg, der versagt sich selbst nicht nur eines seiner sichersten Hilfen; er beraubt sich der beglückenden Erschütterung, wie sie der Heiland für mich, den Heilungsbedürftigen, in einer ganz persönlichen Begegnung bereithält.

Das ist das wichtigste Element auch unseres Glaubensweges; dass wir Frömmigkeit als Routine und Mitläufertum hinter uns lassen; dass eine Person in den Vordergrund tritt, die unser Herz anspricht, die uns neugierig macht und fasziniert, der wir Freundschaft und Liebe antragen möchten.

Zachäus durfte nach dem heutigen Bericht aus dem Lukas-Evangelium solch erlösende Nähe sehr konkret erleben. Wir sollten uns in dieser Eucharistiefeier mit ihm innerlich auf den Weg machen. Er erscheint uns zunächst bewegt von einem vagen Interesse, einem motivierenden Wunsch, den Herrn zu sehen. Jesus ist ihm nicht mehr gleichgültig. Er hat ihn in irgendeiner Weise angesprochen. Das ist das wichtigste Element auch unseres Glaubensweges; dass wir Frömmigkeit als Routine und Mitläufertum hinter uns lassen; dass eine Person in den Vordergrund tritt, die unser Herz anspricht, die uns neugierig macht und fasziniert, der wir Freundschaft und Liebe antragen möchten. Für Zachäus schließt diese Sehnsucht nach dem Herrn die Hoffnung ein, dass die Mauer seiner Fehler, Irrtümer und Sünden, die ihn von Gott trennen, durch diesen Jesus abgetragen wird. Darum ist er in seinem Wunsch unbeirrbar. Er gibt sich nicht damit zufrieden, dass ihm seine kleine Gestalt wenig

Chancen für einen Blick auf den Herrn lässt. Er steigt auf einen Maulbeerfeigenbaum mit seinen blätterreichen, kräftigen Ästen. In ihm konnte er sich verstecken. Doch Jesus, der Herr, hatte das Interesse des Zachäus schon lange wahrgenommen. Er schaute, wie das Evangelium sagt, „hinauf". Er kennt die Sehnsucht des Zöllners, wie er unser aller Leid an Unvollkommenheit und Selbstsucht kennt. Und mit dem Ruf Jesu: „Steig schnell herab!" tritt der öffentliche Sünder nun vollends in das Licht des Herrn. Er erkennt sich selbst, legt ein schonungsloses Bekenntnis seiner Sünde ab. Verpflichtet sich zur Umkehr mit Zusagen, die weit hinausgehen über das, was das jüdische Gesetz forderte: das Weggeben der Hälfte seines Vermögens; die Erstattung seiner kriminellen Ausbeutung.

Und er ist voller Freude, wie es ausdrücklich heißt. Wohl war er ein Volksfeind, ein Schädling Israels, der in den Augen aller andern keine Chance hatte, Gottes Wohlwollen je zu erlangen. Nun aber erhält er dank der Begegnung mit Jesus und dank seines Bekenntnisses dessen definitive Heilszusage. Der Herr hält sie für uns alle im Bußsakrament bereit.

Paul Josef Kardinal Cordes

Zeugnis für ein sinnerfülltes Leben

Im Evangelium sagt uns Jesus in ganz klarer Weise: „Der ist für mich Bruder, Schwester und Mutter, der den Willen meines Vaters im Himmel erfüllt." Jetzt können wir und müssen wir die Frage stellen: Welches ist denn der Wille des Vaters? Mit dieser Frage ergibt sich ganz automatisch die Frage: Warum bin ich überhaut auf dieser Welt? Gibt es für mein Leben auf dieser Erde einen besonderen Sinn, einen Wert und ein Ziel?

Wir sollten jede Art von Feigheit ablegen, auch im Gespräch mit Glaubenssuchenden oder mit Andersglaubenden oder mit Menschen anderer Religionen und Kulturen, denn der Wille des Vaters ist erkennbar. Nicht nur dergestalt erkennbar, wie das viele Naturwissenschaftler sagten, wonach dieses gewaltige Universum mit einer schier undurchschaubaren Gesetzlichkeit gar nicht aus dem Zufall oder aus der Ewigkeit der Materie zu erklären ist, sondern dass vor allem und hinter allem ein wirklich geisterfüllter und absoluter planender Schöpfergott steht. Aber der Wille des Vaters war es auch, dass er durch den menschgewordenen Sohn zu uns gesprochen hat. Dass er sich durch den menschgewordenen Sohn radikal auf unsere Seite gestellt hat und Jesus uns in allem gleichgeworden ist, ausgenommen die Sünde. Und dass durch die Vermittlung Marias ein wirklich neuer Anfang geschaffen worden ist in der Beziehung des unsichtbaren Schöpfergottes zu uns Menschen. Ein neuer Anfang in der Menschwerdung, im Kreuz und in der Auferstehung des Sohnes und dadurch ein Anfang einer bleibenden unbesiegbaren Liebe. Gibt es eine bessere Botschaft zu verkünden? Gibt es einen hoffnungsvolleren Weg, eine bessere Orientierung für unser Dasein im Leben und im Sterben? Und deshalb konnte dann auch Paulus in seinem Brief an die Galater schreiben: Wir sind nicht mehr Sklaven, nein, wir sind durch Jesus Söhne und Töchter dieses einen und wahren Gottes. Und durch Jesus ist uns in Taufe und Firmung der Geist gegeben, in dem wir sagen und rufen können: Abba, mein lieber, mein guter Vater. Und das ist es, was wir mitnehmen können:

Durch den menschgewordenen Gottessohn, durch Jesus können wir vom Geist völlig erfüllt sagen: Vater unser im Himmel, geheiligt werde dein Name. Wir können uns in allem an ihn wenden, auch mit der Bitte „Gib uns unser tägliches Brot“, für uns und für die Menschen auf der ganzen Welt. In der Bitte um Vergebung, in der Bitte, niemals in die Gefahr zu kommen, vom wahren Glauben abzufallen. Vom Glauben an die Liebe Gottes im Kind Jesus, das Kind der Miriam, des Morgensterns, des Hoffnungssterns, der aber auch wirklich der Sohn des einen, wunderbaren Gottes ist.

An dieser Stelle will ich unseren Soldatinnen und Soldaten im Auslandseinsatz Anerkennung ausdrücken und ein aufrichtiges Vergelt`s Gott sagen. Wenn auch etliche Soldatinnen und Soldaten im Auslandseinsatz nicht getauft sind, wenn sie nichts wissen oder noch nichts erkennen von dieser Liebe Gottes, der nicht nur Schöpfer ist, sondern umfassend jedes menschliche Herz ergreifen und beschenken will, so sind sie doch bereit zu einem friedensstiftenden Dienst in den Krisengebieten dieser Erde. Und das alles ist nicht selbstverständlich, das ist dann wirklich - bewusst oder unbewusst - Liebe, die das Herz Gottes, sein Mitgefühl und Mitsein mit uns Menschen in Jesus Christus ganz praktisch weiter gibt. Wir wollen selber aber darin auch nicht müde werden. Ich lade alle ein, die jetzt hier sind, neu zu bedenken, ob wir nicht diese großartige Botschaft der Liebe nicht noch tiefer ergreifen müssten, um diesen Glauben zu bezeugen und durch die

Hoffnung Zeugnis abzulegen für ein sinnerfülltes Leben, für ein hoffnungsvolles Sterben. Wir sind nicht mehr Sklaven, sondern wir tragen den Geist Gottes in uns, in dem wir rufen können: Abba, Vater, mein lieber, mein guter Vater. Dir will ich vertrauen, deine Liebe will ich im täglichen Leben bezeugen in Wort und Tun.

Bischof Walter Mixa

Gruß an Maria

Ich grüße dich, Mutter, jeden Tag.
Ich grüße dich auf all meinen Wegen.
Ich bitte dich um Eingebung und Kraft,
um meine irdischen Pflichten recht zu erfüllen,
um Gott zu loben und die ewige Seligkeit zu erlangen.
Maria, ich will wie du in Betlehem und auf Golgota
immer bei Jesus bleiben.
Er ist der unsterbliche König aller Zeiten und Völker.

Johannes XXIII.

Mutter Gottes, wir rufen zu dir

V/A Mutter Gottes, wir rufen zu dir.
V Du Tochter des ewigen Vaters
A Maria, wir rufen zu dir.
V Du Mutter des göttlichen Sohnes
Du Tempel des Heiligen Geistes
Du hilfreiche Mutter der Gnade
V/A Mutter Gottes, wir rufen zu dir.
V Du Urbild und Mutter der Kirche
Sei nahe dem Heiligen Vater
Dem Bischof inmitten der Seinen
Begleite das Wirken der Priester
Bewahr' uns in Treue zur Kirche
V/A Mutter Gottes, wir rufen zu dir.
V Du Hilfe und Vorbild der Christen
Schenk unsern Familien Frieden
Erhalte die Jugend im Glauben
Hilf allen, die zweifeln und suchen
Erflehe die Einheit der Christen
V/A Mutter Gottes, wir rufen zu dir.
V Du Zeichen der sicheren Hoffnung
Ermuntre die Müden und Lauen
Verwehre den Sieg allem Bösen
Beschütze den Frohsinn der Kinder
Schenk Hoffnung den Kranken
und Alten
V/A Mutter Gottes, wir rufen zu dir.
V Du Ursache unserer Freude
Die Streitenden führe zusammen
Verbitterte tröste und stütze
Gib allen Verständnis und Güte
Erbitte den Frieden der Völker
V/A Mutter Gottes, wir rufen zu dir.
V Wir Menschen in Hetze und Unrast
Wir suchen nach Glück und Erfüllung
Wir lassen uns täuschen vom Bösen
Zeig uns den Weg hin zu Christus
Du unsere himmlische Mutter
V/A Mutter Gottes wir rufen zu dir.

Wer liebt, tut alles ohne Mühe – Aus dem Tagebuch der Bernadette Soubirous:

„Gute Mutter, wie glücklich war meine Seele, als ich die Freude hatte, dich anzuschauen. Wie gern erinnere ich mich an die süßen Augenblicke, die ich unter deinen Augen verbringen durfte; sie waren voller Güte und Barmherzigkeit für uns. Ja, zärtliche Mutter, du bist auf die Erde herabgestiegen, um einem schwachen Kind zu erscheinen – Du, Königin des Himmels und der Erde, hast dich dessen bedient, was in den Augen der Welt das Schwächste war."

„Meine eigenen Anliegen gehen mich nichts mehr an, von diesem Augenblick an muss ich ganz Gott gehören und Gott ganz allein, niemals mir selbst."

„Ich werde keinen Augenblick lang leben, wenn ich ihn nicht liebend verbringe. Wer liebt, tut alles ohne Mühe. Oder er liebt eben seine Mühe. Warum muss man leiden? Weil hienieden die reine Liebe ohne Leiden nicht lebt. O Jesus, Jesus, ich spüre mein Kreuz nicht mehr, wenn ich an das Deine denke."

„O sehr heilige Mutter meines Jesus, die du die größte Betrübnis deines lieben Sohnes gesehen und gefühlt hast, steh' mir in der Zeit meiner Trübsal bei."

„Jesus verlangt die Loslösungen von allem Gut, von aller menschlichen Ehre, von allem Geschaffenen, die Demut. Aber die Liebenswürdigkeit Jesu, die Liebe Jesu macht diese Loslösung für die menschliche Natur weniger schwer und weniger grausam. Nichts gibt es mehr, nichts ist mir mehr geblieben als Jesus; weder Ort, noch Sache, noch Personen, noch der Gedanke, noch Gefühle, noch Ehren, noch Leiden könnten mich von Jesus abwenden. Jesus ist für mich die Ehre, die Anmut, das Herz, der Geist, der, den ich liebe, das, was ich liebe, das Vaterland, schon der Himmel. Mein Schatz, meine Liebe ist Jesus, und der gekreuzigte Jesus allein macht mein Glück."

„Versetze dich in das Herz Mariens und bleibe dort, mach' daraus deine Bleibe auf der Erde. O meine Mutter, ich komme, in deinem Herzen die Ängste meines Herzens abzuladen und dort Kraft und Mut zu schöpfen."

„Fürchte dich nicht, das Kreuz zu tragen, selbst in äußerster Verlassenheit."

„Je mehr ich Jesus geben werde, desto mehr wird auch Jesus mir geben. Aus Liebe zu Jesus muss ich mich besiegen oder sterben."

Sei gegrüßt,
„Stern des Meeres“!
Wahrlich, Maria,
du bist ein Stern.
Jesus, dein göttlicher Sohn,
ist selber das Licht der Welt.
Du, Maria,
bist der Stern,
der im Lichte Jesu erstrahlt,
der himmlische Stern,
zu dem wir hoffenden Auges emporschauen,
der Meeresstern,
freundlich winkend dem Sturmgeprüften,
scheuchend mit seinem milden Glanze
die bösen Geister,
Stille gebietend den Leidenschaften
und Frieden träufelnd in unsere Seelen.
Sei gegrüßt,
du Meeresstern:
Freudigen Herzens schauen wir auf
zu dir.
O bitte für uns
am Thron der Gnade
und nimm dich unserer Nöte an!

John Henry Newman

QUE SOY
ERA

Wer an Wunder denkt, denkt an Lourdes ...

In Frankreich, aber auch anderswo verbindet man mit „Lourdes“ sofort „Wunder“. Und wer an „Wunder“ denkt, denkt an „Lourdes“. Wenn jemand in einer ausweglosen Situation steckt, dann heißt es: „Der kann bloß noch nach Lourdes gehen“ oder „Es bräuchte ein Wunder“. Im Sportjournalismus wird auch schon mal vom Wunder gesprochen, aber nicht in seinem ursprünglichen Sinn.

Vom Evangelium zu Lourdes

Wie kann man den Wundern den richtigen Platz einräumen, ob es sich um Lourdes oder die Evangelien handelt? Die einen würden sie gern ignorieren oder den Berichten eine ausschließlich symbolische Tragweite geben. Andere sehen darin einen eindeutigen Beweis der Gottheit Christi und der übernatürlichen Natur der Heilungen von Lourdes. Als 1908 das fünfzigste Jubiläum der Erscheinungen gefeiert wurde, war das Verhältnis durch den einseitig vom französischen Staat beschlossenen Abbruch der Beziehungen zwischen Kirche und Staat sehr feindselig. Daher wurden die durch ein Wunder geheilten Personen in den Vordergrund gestellt. Heute neigen sie eher dazu, in den Hintergrund zu treten.

Wie viele Heilungen in Lourdes werden nie gemeldet von denjenigen, denen sie zuteil wurden?

Da wir begonnen haben, eine Parallele zwischen Lourdes und dem Evangelium herzustellen, setzen wir diesen Vergleich fort. Bestimmte Merkmale sind in beiden Fällen zu finden.

Jede Heilung ist einmalig: Es gibt kein einheitliches Schema.

• Die Heilungen in Lourdes wie in den Evangelien sind immer die Antwort auf das Gebet. Doch das Gebet kommt nicht immer von den Kranken selbst:

Der Diener des römischen Hauptmanns hatte um nichts gebeten.

- Wunder ziehen nicht automatisch den Glauben nach sich. In Lourdes hat der Schriftsteller Zola eine vollkommen unverhoffte Heilung erlebt. Doch er ist nicht nur nicht zum Glauben gekommen, sondern hat sogar einen Roman geschrieben, in dem er die Auffassung vertritt, dass es sich bei dieser Heilung um einen Betrug handelte.
- Die körperliche Heilung ist zugleich Wirklichkeit und Symbol für eine andere Wirklichkeit. Taubheit, Lähmung oder Lepra sind nicht nur biologisch zu deuten. Nach seiner Heilung folgte der Blinde von Jericho Jesus nach, der nach Jerusalem ging, wo er gekreuzigt wurde.
- Das Wunder hat sein Ziel nicht erreicht, wenn die geheilte Person nichts in ihrem Leben verändert, indem sie zum Beispiel dem Gebet oder dem Dienst an anderen mehr Raum schenkt. Von den zehn Leprakranken, die Jesus heilte, kam ein einziger zurück, um zu danken. Wie viele Heilungen in Lourdes werden nie gemeldet von denjenigen, denen sie zuteil wurden?

Vorboten der Auferstehung

Diejenigen, die den Evangelien jeden historischen Wert absprechen, stützen sich auf die Tatsache, dass sie nach Ostern, also im Licht der Auferstehung Christi geschrieben wurden. Die Wunder wären demnach ein literarisches Mittel, um den glücklichen Ausgang anzukündigen. Diese Theorie, die heute kaum noch vertreten wird, hat doch etwas Richtiges: Die Wunder, die Jesus gewirkt hat, weisen auf seine Auferstehung hin. Tod und Auferstehung Jesu sind die vollkommene Erfüllung dessen, was er während seines öffentlichen Lebens begonnen hat. In dieser ganzen Zeit war er Ziel von Widerspruch bis zum letzten Widerspruch des Prozesses, bei dem er zum Tode verurteilt wurde. Während dieser ganzen Zeit war er Zeichen des Lebens, und seine Auferstehung offenbarte, dass der Tod nicht das letzte Wort hat.

Angesichts der Heilungen in Lourdes stellt sich unausweichlich die Frage: Warum wird einer bestimmten Person eine Heilung zuteil, nicht aber einer anderen? Das ist im Übrigen die erste Frage, die sich die Geheilten selbst stellen. Es gibt keine zufriedenstellende Antwort darauf.

Man muss die Heilungen in Beziehung zu den Erscheinungen sehen. Bernadette sah als einzige die Erscheinung, und sie sagte: „Wenn die heilige Jungfrau eine unwürdigere Person als mich gefunden hätte, so hätte sie diese erwählt.“ Bernadette hat als einzige gesehen und gehört, doch das Licht auf ihrem Gesicht hat sich auf den Gesichtern derjenigen widergespiegelt, die sie umgaben. Seit nunmehr 150 Jahren leuchtet uns dieses Licht noch immer. Die geheilte Person ist eine Ausnahme, aber sie ist ein Zeugnis für uns alle, die wir Leid und Tod erfahren: Gott will uns im Leid und im Tod nicht im Stich lassen.

Wie die Erscheinungen ein Fenster sind, durch das man die himmlische Stadt sehen kann, so sind die Heilungen ein Fenster, durch das man das Reich der Auferstehung sehen kann. Beides wird uns geschenkt, um unseren Glauben und unsere Hoffnung zu stärken.

Wie die Erscheinungen ein Fenster sind, durch das man die himmlische Stadt sehen kann, so sind die Heilungen ein Fenster, durch das man das Reich der Auferstehung sehen kann. Beides wird uns geschenkt, um unseren Glauben und unsere Hoffnung zu stärken.

Die Wunder: eine Herausforderung für die Wissenschaft?

In der Atmosphäre, die um die Jahrhundertwende herrschte, war der Gläubige versucht, dem Rationalisten die Wunder an den Kopf zu werfen und ihn herauszufordern, sie zu erklären. Diesen Typ von Gläubigen und Rationalisten gibt es immer noch, aber diese Art von Konfrontation entspricht weder dem Geist der heutigen Forschung, die nichts von vornherein ausschließen will, noch dem Geist des katholischen Glaubens, der keinen Zwang ausüben will. Die unerklärlichen Heilungen von gestern und heute sind Zeichen der Hoff-

ST. PETERS

nung. Eine bestimmte Krankheit, die heute mit den Mitteln, die uns zur Verfügung stehen, noch unheilbar ist, ist vielleicht nicht für immer unheilbar.
Vor hundert Jahren endete die Tuberkulose häufig tödlich. Heute kann sie wirkungsvoll behandelt werden. Das heißt nicht, dass die Heilungen von früher keine Wunder waren. Sondern Gott, der bei Wunderheilungen wirkte, handelt auch durch die stets unzureichende Intelligenz der Menschen, die er nach seinem Bild und ihm ähnlich erschaffen hat.
Die Wunderheilung verweist die heutigen Ärzte auf das Wort Jesu: „Sucht, dann werdet ihr finden." Das ist eine Herausforderung voller Hoffnung.

Bischof Jacques Perrier

Bleibe bei uns, Herr, denn es will Abend werden,
und der Tag hat sich geneigt.

Bleibe bei uns und bei deiner Kirche.
Bleibe bei uns am Abend des Tages,
am Abend unseres Lebens, am Abend der Welt.

Bleibe bei uns mit deiner Gnade und Güte,
mit deinem Wort und Sakrament,
mit deinem Trost und Segen.

Bleibe bei uns, wenn über uns kommt
die Nacht der Trübsal und Angst,
die Nacht des Zweifels und der Anfechtung,
die Nacht der Armut und Not,
die Nacht der Einsamkeit und Verlassenheit,
die Nacht der Krankheit und Schmerzen,
die Nacht des bitteren Todes.

Bleibe bei uns und unseren Lieben,
bei unseren Brüdern und Schwestern,
den kleinen und den großen,
den nahen und den fernen,
den gesunden und den kranken,
den frohen und den trauernden,
bei allen, die zerschlagenen Herzens sind.

Bleibe bei uns und bei all deinen Glaubenden
in Zeit und Ewigkeit. Amen

Bildnachweis:
Titel, S. 6, S. 15, S. 33, S. 43, S. 44, S. 52, S. 56: © Sanctuaires Notre-Dame de Lourdes/EURL Basilique du Rosaire
S. 9, S. 11, S. 39, S. 55, S. 67, S. 73, S. 77: © picture-alliance/Godong
S. 17: © dpa-Bildarchiv
S. 21: © picture-alliance/KNA-Bild
S. 23: © L'Osservatore Romano
S. 25: © picture-alliance/Burkhard Luettner/vintage.de
S. 31, S. 59, S. 61: © KNA-Bild
S. 35: © picture-alliance/akg-images/Schuetze/Rodemann
S. 49: © dpa-Fotoreport
S. 51: © dpa-Report
S. 63: © dpa
S. 68: © picture-alliance/KNA-Bild
S. 71: © picture-alliance/akg-images

Textnachweis:
Alle Texte der Päpste:
© Libreria Editrice Vaticana, Città del Vaticano
S. 14–16, S. 26–30, S. 54, S.74–78: Texte aus www.lourdes-france.org,
© EURL Basilique du Rosaire

Bibliografische Information Der Deutschen Bibliothek
Die Deutsche Bibliothek verzeichnet diese Publikation
in der Deutschen Nationalbibliografie;
detaillierte bibliografische Daten sind im Internet über
http://dnb.ddb.de abrufbar.

Besuchen Sie uns auch im Internet: www.st-benno.de

ISBN 978-3-7462-2578-4

Umschlag und Gestaltung: Ulrike Vetter, Leipzig
Gesamtherstellung: Arnold & Domnick, Leipzig (A)